कलम के कदम

सोच से स्याही तक का सफर

Raj Bala

Made with ❤ on the BookLeaf Publishing Platform
www.bookleafpub.in
www.bookleafpub.com

Dedication

यह किताब उन सभी एहसासों और रिश्तों के नाम, जिन्होंने मेरे मन को शब्दों में डालने की ताकत दी।

Preface

मन की लहरें जो हर पल मन में उठती हैं, उन्हीं का एहसास मेरी प्यारी लेखनी में है।
मन जो कभी बच्चा है, कभी बूढ़ा, कभी दुखी, कभी सुखी, कभी उदास और कभी बहुत खुश।
मेरे मन ने समय-समय पर जो भी महसूस किया, मेरी कलम ने उसे पन्नों पर उतार दिया।

मन को समर्पित।

Acknowledgements

मैं अपने जीवन साथी और अपनी तीनों बेटियों का दिल से धन्यवाद करना चाहूँगी, जिन्होंने मेरे पन्नों पर लिखे शब्दों को सुना और लिखने के लिए मेरा हौसला बढ़ाया।

अपने परिवार को धन्यवाद।

1. गुरू आशीर्वाद

सुबह होते ही कुछ लिखने का मन।
गुरू की छवि मन में,
बार-बार नमन करने का मन।

परमपिता परमात्मा को धन्यवाद देने का मन।
धरती माँ पर कदम रखने से पहले
उसे छूकर मस्तक झुकाने का मन।

नई सुबह, नया सवेरा, नई उमंग, नई तरंग।
मन से सबके साथ प्रेम बाँटने का मन।

भक्ति में रमने का मन।
गुरू आशीर्वाद का मन।

2. दिल की बैठक

दिल की बैठक में अनेकों कुर्सी,
चरमर-चरमर करती रे।

चरमर-चरमर की आवाज़ से
दिल की धड़कन बढ़ जाए रे।

दिल की धड़कन बढ़ती जब-जब,
सांसों का बैंक खाता कम हो जाए रे।

चरमर-चरमर करती कुर्सी को
बाहर फेंको रे।

दिल की बैठक में
शांति की बस एक कुर्सी रखो रे।

जिसमें शांत स्वरूप ईश्वर बैठा हो।
सांसों का खाता
दिन-प्रतिदिन हिसाब से चलता जाए रे।

3. नारी

नारी वात्सल्य का अथाह सागर है,
नारी प्रेम की मूरत है।

सृजनहार नारी,
कर्मठता की जीती-जागती तस्वीर है नारी।

आज के हर क्षेत्र में छाई नारी,
कंधे से कंधा मिलाती,
आगे बढ़ती जाए नारी।

अब खूटे की गाय नहीं,
आज भारतीय नारी स्वतंत्र है।

इस शक्ति को मान दो, सम्मान दो,
हम किसी से कम नहीं।
अब कोई गम नहीं।

महिला दिवस की हार्दिक शुभकामनाएं।

4. पैसे की चादर

पैसे की चादर ताने सो गए हम,
सपनों की दुनिया में खो गए हम।
उस चादर में काश एक छेद तो होता,
जिससे माँ-बाप का चेहरा तो दिखता।

हे आज के मानव, सुन ज़रा बात,
माँ-बाप को न दौलत की है सौगात।
नहीं चाहिए उनको ज़ेवर या ज़मीन,
बस एक कोना जहाँ मिल जाए सुकून की छाँव।

पैसे की चादर अब उतार के देख,
बुढ़े माँ-बाप की तरफ़ प्यार से एक बार देख।
जो कल तुझे चलना सिखाते थे,
आज चुपचाप तेरे साये में सिसकते हैं।

याद रख,
अगर तूने अब भी न समझा इस रीत को,
तेरा ही खून दोहराएगा इस प्रीत को।
फिर न कहना वक़्त ने धोखा दिया,
ये तो तेरे कर्मों ने ही आइना दिखा दिया।

5. ज़िंदगी तुम हसीन हो

ज़िंदगी तुम हसीन हो, थोड़ी मीठी,
थोड़ी नमकीन हो।

कुछ खट्टी, कुछ मीठी हो,
ज़िंदगी तुम बड़ी हसीन हो।

कुछ गति, कुछ रुकी,
कुछ खुली, कुछ बँधी।

कुछ ख़ुशी, कुछ ग़मी,
कुछ हँसी, कुछ उदासी।

कुछ धूप, कुछ छाँव,
ज़िंदगी तुम बड़ी हसीन हो।

कभी अपनी सी, कभी पराई सी।
कभी ताज़ी सी, कभी बासी सी।

कभी रोती सी, कभी हँसती सी।
ज़िंदगी तुम बड़ी हसीन हो।

साँसों की डोर से बंधी,
मोती-सी उज्ज्वल।

इतनी उज्ज्वल कि सीप में रखा,
मोती भी शरमा जाए।

श्वेत मोती-सी बेदाग जियो ज़िंदगी,
ज़िंदगी तुम बड़ी हसीन हो।

6. हर पल कुछ याद आता है

वो पहला समय, वो पिछला समय,
सब कहते हैं वर्तमान में जियो।

मैं कहती हूँ वर्तमान के साथ-साथ,
पीछे के उन पलों में भी जियो,
जो बहुत खुशनुमा थे।

बचपन की यादें, वो पक्के इरादे,
दौड़- दौड़ कर बस्ता लिए स्कूल जाना,
उछल-कूद करना,
माँ को तरसाना।

कभी भाई-बहनों के साथ लुकाछुपी का खेल खेलना,
कभी मोहल्ले के बच्चों के संग गिल्ली डंडा,
कभी पिट्टू,
कभी गेंद का खेल,
कंचा-गोली,
रस्सी कूदना,
लंगड़ी टांग,
पकड़म-पकड़ाई की धमा चौकड़ी मचाना।

सब अपनी जिंदगी में खुश थे,
दो समय का खाते थे,
मौज मस्ती मनाते थे,
कम पैसों में भी हज़ारों का स्वाद पाते थे।

आज लाखों में भी वो बात नहीं,
आज लाखों में भी वो बात नहीं।

7. दीवाना कर गई

मैं गुज़र रहा था उसके घर के सामने से,
हमारी नज़र उसके घर की खिड़की पर पड़ी।

देखा, वो खड़ी थी
नज़रें मिलते ही शरमा गई।

पर्दे की ओट ले ली,
मैंने अपने कदम आगे बढ़ा दिए।

रहा न गया, पलट कर खिड़की की ओर देखा
वो नज़र आई, मुस्कुरा दी।

हम भी मुस्कुराए,
उसकी मुस्कान ने जादू-सा कर दिया,
ये सिलसिला यूँ ही चलता रहा।

जब पता चला
हमारे हिस्से की मुस्कुराहट ने किसी और का दामन थाम लिया,
हम तो मुस्कराना ही भूल गए।

लेकिन...
एक दिन बांके बिहारी जी के दरबार की खिड़की खुली रह गई।
उन्होंने पुकारा,
मैं वहाँ पहुँचकर चहक उठा।

एक उसकी अदा भाने लगी,
बांके बिहारी जी की अदा मस्ताना कर गई,
दीवाना कर गई।

8. सुबह की भोर

सुबह की प्यारी-सी भोर,
चिड़ियों का चहचहाना।

संगीत की सरगम को भी फीका कर दे,
ऐसा सुर।

पक्षी एक सुर होकर चहचहा रहे थे,
किसी ने अपनी डगर न बदली।

सूरज का सवेरे आना,
शाम होते ढल जाना।

चाँद-सितारों का रात में जगमगाना,
ऋतुओं का समय पर आना।

गर्मी, सर्दी, बसंत, शरद, पतझड़,
पवन का चलना, आँधी का आना।

प्रकृति ने अपना रास्ता न बदला,
हे मानव, तुझे क्या हो गया?

तू सुबह न उठ,
दोपहर में उठता है,
रात को जागता है।

मंदिर न जाकर,
मधुशाला जाता है,
सेवा न कर,
बड़ों से सेवा करवाता है।

प्रकृति न बदली,
फिर तू क्यों बदल गया?
फिर तू क्यों बदल गया?

9. डीवीडी कर्मों की

तूने मेरी तक़दीर लिखी,
कर्मों के हिसाब से।

मैंने तेरी तस्वीर बनाई,
श्रद्धा और विश्वास से।

मैंने तेरी चौखट पर,
माथा टेका बार-बार,
तेरी नज़रे इनायत ना हुई एक बार।

इस उम्र की दहलीज़ पर तो,
कर्मों का लिखा जोखा पूरा हो जाता है।

अब तो मेरी तक़दीर की,
डीवीडी पर नजरे इनायत कर।

मेरे कर्मों की डीवीडी को बदल दे,
ऐ मेरे मालिक, बस एक रहमत कर।

10. पहली मुलाकात

वो पहली मुलाकात का पहला एहसास,
वो पलके झुकाना,
वो नज़रें चुराना।

दिल की धड़कन का बढ़ जाना,
मुख से शब्दों का गुम हो जाना,
वो पहली मुलाकात का पहला एहसास।

वो मुकता, सच्चे प्रेम की निशानी,
मेरी यही प्रेम कहानी,
मेरी यही प्रेम कहानी।

11. उम्र का पड़ाव

बचपन बीता,
जवानी बीती,
अधेड़ उम्र भी जा चुकी।

अब उम्र का चौथा चरण,
बड़ी प्यारी है ये उम्र।

बालों की चांदी,
आँखों का चश्मा,
दाँतों का गिरना,
घुटनों की लचक कहती है अब ठहर जा।

आसन लगा, ध्यान कर,
ये उम्र बड़ी प्यारी लगेगी।

द्वैत-अद्वैत का भेद बता जाएगी,
ये तेरी प्यारी उम्र।

12. रची माया

मैं ज़िंदगी जीती हूँ उसके साथ,
जिसने धरती पर मुझे भेजा।

तभी तो कभी खुशी, कभी गम,
दुख, दर्द, सब एक सानी लगते हैं,
क्योंकि सब रची माया उस दाता की है।

हर पल गुज़ार ले उसका नाम लेकर,
नाम लेता रह, काम करता रह।

क्योंकि साँसों की डोर साथ है,
वो भी तभी तक तेरे हाथ है।

साँसों की डोर टूट गई,
तब न जाने अनमोल तन मिले कब।

रची माया दाता को याद कर,
चलता चल, चलता चल।

13. बचपन

आज मैंने बचपन को बहुत नज़दीक से देखा,
बचपन कितना भोला होता है,
बचपन अल्हड़ होता है,
बचपन कितना प्यारा होता है।

छोटा बच्चा आता और माँ को लिपट जाता,
फिर उठकर जाता, इधर-उधर घूमकर आता,
फिर माँ की गोद में बैठ जाता।

फिर मुँह से निकलता मम्मा मम्मा,
माँ प्यार से अपने लाड़ले को चूम लेती।

फिर वो आता, फिर जाता,
माँ के आँचल में छिप जाता,
माँ अपने लाड़ले को गले से लगा लेती।

वो कितना प्यारा बचपन,
मैंने उसे बड़ी नज़दीक से देखा।
मम्मा मम्मा का प्यारा शब्द,
आज मैंने बचपन को बड़े नज़दीक से देखा।

14. आगे बढ़

मैं रुक गया,
मैं ठहर सा गया।

ज़िंदगी का रंग फीका पड़ने लगा,
नीरस सा जीवन लगने लगा।

मगर वो हवा का झोंका आया,
मेरे गालों पर उसका प्यारा स्पर्श,
ठहरे हुए मन पर हलचल मचा गया।

मेरा मन,

मयूरी की तरह फिर से नाच उठा,
पागल प्रेमी की तरह,गा उठा।

ज़िंदगी को तू चलने दे,
जैसे गंगा का पानी।

उसकी ख़ुशबू फैलने दे,
जैसे फूलों की ख़ुशबू।

नई तरंग नई उमंग से ओत-प्रोत,

कभी न रुकने वाला बन,
सच्चे मायने में आगे बढ़।

15. भारतीय शादी की लिस्ट

बेटी का रिश्ता तय हो गया,
शादी की तैयारी शुरू हुई।
समय कम,
अगले महीने में शादी तय हुई।

लिस्ट तैयार हो रही बेटी के दान-दहेज की लिस्ट,
दामाद बाबू के परिवार-रिश्तेदारों को क्या माल-पानी देना है, उसकी
लिस्ट।

अपने रिश्तेदारों के लेन-देन की लिस्ट,
हलवाई की लिस्ट, टैन्ट वाले की लिस्ट,
बैंक्वेट वाले की लिस्ट।
लिफ्ट तो तब ही करेंगे जब लिस्ट का बिल भरेंगे।

शादी संपन्न हुई, बेटी विदा हो गई।
लिस्ट ने अपनी कुर्सी गिफ्ट को दे दी।
लगे खोलने गिफ्ट के लिफ़ाफ़े, किसने क्या दिया है, क्या लिया है।

यह है भारतीय शादी की तस्वीर,
यह है भारतीय शादी की तस्वीर।

16. दास्ताँ 2021

ये कैसी दास्ताँ है,
कोई समझ नहीं पाया।

ना डॉक्टर, ना वैद्य,
ना पादरी, ना पंडित,
ना मौलवी।

चुप-चुप सा हर शख़्स है,
सहमा-सहमा सा हर मानव है।

बंद सभी के घर हैं,
अब तो घर ही मंदिर है।

जिम, योगा, ऑफिस, सब घर में।
हँसो चाहे रोओ,
रहना तो घर में है।

भविष्य की तस्वीर क्या होगी?
कोई नहीं जानता।

17. मेरा सफ़र अभी बाकी है

हर हार, जीत की निशानी है,
हर दुख, सुख की तैयारी है।

तलाश रही हूँ खुद को दुनिया की भीड़ में,
कोई तूफ़ान क्या रोकेगा,
जब कदमों में जान बाकी है,
मेरा सफ़र अभी बाकी है।

मैंने हार मानना सीखा नहीं,
प्रतिस्पर्धा-दिखावा आता नहीं,
ग़मों में कभी खोए नहीं।

ये ग़मगीन दुनिया क्या जाने ज़िंदगी का सफ़र,
आनंद-सुख, कभी दुख,
कभी धूप, कभी छाँव में आता है।

18. मस्ती टाइम

मैं मस्त अलबेला मुसाफ़िर हूँ,
मस्ती का आलम जब छा जाए।

दो-चार साथ जुड़ जाएँ जब,
कभी जवानी के किस्से,
कभी वो बचपन की बातें।

करते-करते,
रात से दिन के उजाले की भोर हो जाए।

जब चार दोस्त हम जुड़ जाएँ,
माँ के हाथ की कच्चे अचार की लौंजी,
गरम-गरम पराँठे के साथ।

घर का निकला मक्खन,
चाय की चुस्कियाँ भरते-भरते,
पापा की आवाज़ आ जाए,
तो डर से पजामा आज भी गीला हो जाए।

19. ज़िंदगी

ज़िंदगी तूने मुझे बहुत घुमाया,
कभी यहाँ, कभी वहाँ।

ज़िंदगी तूने मुझे बहुत सिखाया,
ना कोई अपना, ना कोई पराया।

अपना आप ही जाग कराई,
राखा का हाथ मेरे सिर पर,
लोगों के साथ का क्या खाका।

बॉल तो गोल-गोल आती है लौट-लौट,
मैं तो वो पंथी हूँ,
बाहर से सोया, अंदर से जागा।

मुसाफ़िरख़ाने में लोग, बाहर से जागे,
अंदर से सोए हैं,
जब जागेंगे तो बहुत अबेर हो चुकेगी।

20. दर्पण झूठ न बोले

लिख न सका उस दीवाने का नाम,
जिसके साथ उम्र गुज़ार दी।

रोज़ अपने आपको उसमें झाँक-झाँक देखता रहा,
मुझे देख वो खुश होता रहा।

सच्चा दोस्त वो ही निकला,
उसने मुझे कभी झूठ न बोला।

मेरे दोस्त से आप सब भी रोज़ मिलते हो,
वो आप सबसे भी सच बोलता है।

दर्पण

दर्पण झूठ न बोले, दर्पण झूठ न बोले
मेरा सच्चा दोस्त — दर्पण है।

21. आत्मा का रंग

लंगर की पंक्ति में बैठी इक नार,
भोजन से पहले आई थाली।

तांबे की थाली,
स्टील की कटोरियाँ,
चाँदी का गिलास,
सोने का चम्मच।

ये सब देख नारी हुई हैरान,
रहा न गया संत से पूछा
भाँति-भाँति के बर्तन क्यों?

संत बोले, जैसे चार धातु,
बर्तन वाले रंग,
तेरे अंदर भी ऐसी ही उथल-पुथल।

बाहर से देख तू हैरान,
अंदर बैठा जीव भी बेचैन।
ध्यान में बैठ, एक रंग में रंग जा,
आत्मा सो परमात्मा।

22. उम्र गुज़ार दी अपनों के साथ

उम्र गुज़ार दी अपनों के साथ,
अपनी कमियों से बेनाम थी मैं।
इसलिए परेशान थी।

आज कमियाँ नज़र आईं अपनी,
दूसरों की खूबियाँ दिल की झोली में भर ली।

इसलिए मेरे दामन में फूल खिल गए।

अब फूलों के साथ
ज़िंदगी रंग-बिरंगी हो गई,
पर ज़िंदगी के पन्ने कम हो गए।

कम पन्नों पर
अच्छा लिखने का मन करता है,
ताकि पहले की हर कमी
इन पन्नों में पूरी हो जाए।

23. मालिक

आज मन में फिर वही विचार आया,
हर रोज़ मालिक का शुक्रिया जताया।

आज उसने भी मुझे याद किया,
मेरे दिल के द्वार पर धीरे से दस्तक दिया।

मैंने पूछा - क्या मेरी याद आई?
मालिक मुस्काया, बोला -
मैं कब तुझे भुला पाया?
भूला तो तू ही था,
इधर-उधर भटकता रहा,
सुकून की तलाश में दर-दर भटका रहा।

आ, मेरे पास बैठ,
कुछ पल मेरे संग बिता,
अपने मन की बात बता।

फिर वो पल भी आया,
जब आनंद से मन भर आया।

अब जब भी मन करता है,
मैं उसके पास घंटों बैठ जाता हूँ,
वो आनंद की बारिश बरसाता है,
और मैं उसमें भीग जाता हूँ।

24. बीती ज़िंदगी की झलक

बचपन बीता,
यौवन बीता,
बीत गई अधेड़ उमर,
ज़िंदगी की उधेड़-बुन में,
बीत गया समय।

कभी अपने को ध्यान से आईने में न देखा,
जब देखा तो पाया जीवन का काफी समय बीत गया।

सोच आई क्या खोया,
क्या पाया,
आँखों की गहराई बता न पाई।

परंतु आँखों में कुछ नमी थी,
आँखों में कुछ ग़मी थी,
आँखों में कुछ खुशी थी।

और क्या कहती मेरी प्यारी उम्र,
जीवन की यही तस्वीर,
सबकी अपनी-अपनी तक़दीर।

25. मुस्कराते रहें

मुस्कराते रहें आप हज़ारों के बीच में,
जैसे चाँद तारों के बीच में।

दर्द और ग़म से आप अंजान रहें,
खुशियों से आपकी पहचान रहे।

हमारे तो दिल में इतनी दुआ है,
आपके चेहरे पे सदा मुस्कान रहे।

आपकी पसंद हमारी चाहत बन जाए,
आपकी मुस्कान दिल की राहत बन जाए।

दिन का हर लम्हा ख़ुशी दे आपको,
लंबी उम्र दे ईश्वर आपको।

कलम के कदम - सोच से स्याही तक का सफ़र एक आत्मीय कवितासंग्रह है, जिसमें लेखिका ने जीवन के अनुभवों, भावनाओं और समय की छाया को सहेजा है। ये कविताएँ कभी मन की हलचल हैं, कभी जीवन के दर्पण की परछाइयाँ। हर पंक्ति में संवेदना है, और हर कविता में आत्ममंथन का रंग। यह पुस्तक उन सभी पाठकों के लिए है जो शब्दों में जीवन की सच्चाई तलाशते हैं।

लेखिका का परिचय

राज बाला जीवन के भावनात्मक रंगों की संवेदनशील लेखिका हैं। उनकी कविताएँ मन के गहरे कोनों से निकलकर पाठकों के हृदय तक पहुँचती हैं। कभी बालपन की मासूमियत, कभी जीवन की सच्चाइयाँ—राज बाला ने हर एहसास को अपनी कलम से जीवंत किया है। उनके लिए लेखन केवल अभिव्यक्ति नहीं, आत्मा की पुकार है। यह संग्रह उनके उस सफ़र की झलक है, जहाँ हर भावना ने शब्दों का रूप लिया।

Poetic Colors

Linda Diane Lay, Angelia Richhart, Amber Richhart
The Lay Family